VENTE DU 18 AVRIL 1882

ESTAMPES

Avril 1882

Mᵉ MAURICE DELESTRE
Commissaire-Priseur
27, RUE DROUOT, 27

MM. DANLOS FILS & DELISLE
Marchands d'estampes
15, QUAI MALAQUAIS, 15

CATALOGUE

D'UNE JOLIE COLLECTION

D'ESTAMPES

PRINCIPALEMENT

DE L'ÉCOLE FRANÇAISE DU XVIIIᵉ SIÈCLE

PIÈCES IMPRIMÉES EN NOIR ET EN COULEUR

ORNEMENTS, PORTRAITS, VIGNETTES

dont la vente aux enchères publiques aura lieu

Hôtel des commissaires-priseurs, rue Drouot, 9

SALLE Nº 5

Le Mardi 18 Avril 1882

A UNE HEURE ET DEMIE PRÉCISE

Par le ministère de Mᵉ **MAURICE DELESTRE**, commissaire-priseur

RUE DROUOT, 27

Assisté de MM. **DANLOS** Fils et **DELISLE**, marchands d'estampes

QUAI MALAQUAIS, 15

CONDITIONS DE LA VENTE

———

Elle sera faite au comptant.

Les acquéreurs paieront cinq pour cent en sus des enchères.

MM. Danlos fils et Delisle, chargés de la direction de la vente, se réservent la faculté de diviser ou de rassembler les lots.

DÉSIGNATION

ALIX (P. M.)

1. Portrait de Molière, gravé en couleur d'après Garneray;
au bas, dans un Cartouche, la scène VII du 4ᵉ acte de
Tartuffe. — Très belle épreuve.

ANONYMES.

1 *bis*. Le Plaisir. — Jupiter et Io. Deux pièces très rares gravées en couleur. — Très belles épreuves, sans marges.

2. Pitt (W.), en pied, dans son cabinet. In-folio. — Très
belle épreuve avant la lettre.

ARDELL (J. Mac).

3. S. Crisp. Gascoyne, lord maire de Londres en 1758,
d'après W. Keable. — Très belle épreuve.

AUDRAN (J.).

4. Le Maréchal, duc d'Estrées. — Louis, Dauphin de France,
par Daullé. Deux pièces. — Très belles épreuves, la
dernière est remargée.

BARBIER (d'après).

5. Le Berger dangereux, gravé en couleur par Jubier. —
Très belle épreuve avec marge.

BARTOLOZZI (F.).

6. Caroline de Brunswik, Princesse de Galles. In-4°. — Très
belle épreuve tirée en bistre.

BAUDOUIN (d'après P.).

7. L'Amour à l'épreuve, par Beauvarlet (E.B. 5). — Très belle épreuve avant le changement; sans marge.

8. L'Amour frivole, par Beauvarlet (6). — Belle épreuve, avant l'adresse de Marel, tirée sur papier vergé; grande marge.

9. Annette et Lubin, par N. Ponce (9). — Belle épreuve sur papier vergé.

10. Le Carquois épuisé, par N. de Launay (11). — Très belle épreuve coupée dans la bordure et remargée.

11. Le Coucher de la Mariée, gravé à l'eau-forte par J.-M. Moreau et terminé au burin par J.-B. Simonet (16). — Très belle épreuve, le coin à droite dans la marge a été rapporté.

12. L'Épouse indiscrète, par N. de Launay (21). — Très belle épreuve coupée et remargée.

13. *Jusque dans la moindre chose...*, par Masquelier (27). — Très belle épreuve avec une grande marge.

14. Le léger Vêtement, par Chevillet (28). — Très belle épreuve avec toute sa marge.

15. L'agréable Négligé, gravé en couleur par Janinet (28). — Superbe épreuve avant toutes lettres. Très rare.

16. Le Lever. — La Toilette. Deux pièces faisant pendants, gravées par Massard et N. Ponce (29 et 48). — Très belles épreuves avec de très grandes marges.

17. Marton, par N. Ponce (34). Épreuve à l'état d'eau-forte pure, en parfaite condition et avec une petite marge. État non décrit de la plus grande rareté.

18. La même estampe. — Très belle épreuve avec toute sa marge.

19. La même estampe. — Très belle épreuve tachée.

20. Perrette, par Guttenberg (36). — Très belle épreuve avec toute sa marge.

21. Le Soir, par De Ghendt (46). Superbe épreuve avant toutes lettres et avant la draperie.

22. La Toilette, par N. Ponce (48). — Très belle épreuve — coupée à l'encadrement.

BELLA (E. Della).

23. Figures sur la Mort. Cinq pièces, dont deux, très intéressantes, donnent des vues du Charnier des Innocents.
Le Siège d'Arras. Ensemble six pièces. — Très belles
épreuves.

BLIGNY à Paris chez).

24. Portrait de J.-B. Greuze, gravé à la manière noire. In-
8°. — Très belle épreuve.

BOILLY (d'après L.).

25. Prélude de Nina, par A. Chaponnier. — Très belle épreuve
avec marge.

26. Que n'y est-il encore ! par Petit. — Superbe épreuve avant
la lettre ; marge.

BOREL (d'après A.).

27. La Bascule, gravé en couleur par Leveillé. — Superbe
épreuve, un peu rognée dans la bordure.

BOUCHER (d'après F.).

28. Nymphes couchées. — Berger et Bergère jouant de la
flûte. Deux pièces faisant pendants, gravées aux trois
crayons par Demarteau, nᵒˢ 550 et 551. — Très belles
épreuves.

29. Les Quatre Éléments. — Le Souffleur de Savon. — La
Marchande d'Oiseaux. — Fontaines. — Groupes d'En-
fants. — Études d'Amour. — Les Beaux-Arts d'après
Le Clerc. Vingt pièces. — Belles épreuves.

BROOKSHAW (R.).

30. Louis XVI, Roi de France. In-folio. — Très belle épreuve
avec toute sa marge.

BRY (Th. de).

31. Marche de Soldats, d'après H.-S. Beham. — Très belle épreuve.

CALLOT (J.).

32. Le Massacre des Innocents (2me pl. M. 6). Deux épreuves, dont l'une, superbe, est du 1er état.

33. La Vie de l'Enfant prodigue (M. 53-63). — Très belles épreuves avant les nos.

34. La Revue (556). — Exercices militaires (582-594). — Les deux Rencontres de cavalerie (595-596). — Les Bohémiens (667-670). Ensemble vingt pièces. — Très belles épreuves.

CARESME (d'après P.).

35. La Petite Thérèse, par J. Couché. — Belle épreuve.

36. Pan et Syrinx, gravé en couleur dans le goût de Bonnet. — Très belle épreuve.

37. La Danse champêtre, gravée en couleur par Wossinik. — Très belle épreuve avec toute sa marge.

38. L'Agréable Exemple. — L'Agréable Surprise. Deux pièces faisant pendants, gravées en couleur par Jubier. — Très belles épreuves.

CARICATURES.

39. Deux pièces coloriées du suprême bon ton, très curieuses en ce qu'elles ont des inscriptions manuscrites de l'époque donnant les noms des personnages à la mode que l'artiste a caricaturés.

CATHELIN (L.-J.).

40. Baléchon, célèbre graveur. In-folio. — Très belle et rare épreuve avant toutes lettres; marge.

CHALLE (d'après M.-A.).

41. Le Repos interrompu. — Le Souvenir agréable. Deux pièces, par Vidal.

42. Le Matin, gravé en couleur par Bonnet. — Très belle épreuve.

CHALLE ET HUET (d'après).

43. Le Baiser refusé. — Jupiter et Io. Deux pièces gravées en couleur par Bonnet. — Belles épreuves.

CHARDIN (d'après J.-B.-S.).

44. Les Amusements de la vie privée, par Surugue. — Très belle épreuve.

CLAIRIN.

45. Programme illustré de la grande Kermesse donnée à l'Orangerie des Tuileries, le 27 mai 1878. — Superbe épreuve tirée sur soie bleue.

46. La même pièce. — Très belle épreuve.

COCHIN (d'après).

47. P.-A. Caron de Beaumarchais. — E.-C. Chéron. Deux portraits. In-8°, gravés par A de Saint-Aubin et Gaucher. — Très belles épreuves.

COLINET.

48. Madame la marquise de Boufflers, en pied, assise dans son parc. — Très belle épreuve en couleur.

COUTELLIER.

49. Madame Dugazon. — Michu, artistes de la Comédie-Italienne. — Superbes épreuves en couleur du 1er tirage : avant toutes retouches; sans marges.

COYPEL (d'après).

50. Vertumne et Pomone. — Zéphyr et Flore. Deux pièces dans une bordure ovale rehaussée d'or, gravées en couleur par Bartolozzi. — Superbes épreuves.

51. La Coquette. — Le Négligé galant. Deux pièces par Lépicié. — Belles épreuves.

DAVESNE.

52. Les Prunes, gravé en couleur par Vidal. — Superbe épreuve avec toute sa marge.

DEBUCOURT (P.-L.).

53. L'Escalade, ou les Adieux du Matin, 1787.
Très belle épreuve en couleur. Rare.

54. Heur et Malheur, ou la Cruche cassée, 1787.
Très belle épreuve en couleur. Rare.

55. Le Songe réalisé. — Très belle épreuve, remargée.

56. La Femme et le Mari. — Les Galants surannés. — La Coquette et ses Filles. — Les petits Messieurs. Quatre pièces.

57. Costumes militaires anglais, d'après C. Vernet. Huit pièces imprimées en couleur. — Belles épreuves.

DEMARTEAU.

58. Ruines romaines. Deux pièces faisant pendants, gravées en couleur d'après Le Barbier, nos 620 et 621. — Très belles épreuves.

DIVERS.

59. La Correction inutile, d'après Borel. — Bacchantes, d'après Caresme. — L'Enfantillage, d'après Huet. — Le Raccommodement, d'après Guérin, etc. Huit pièces en noir et en couleur.

60. Le Mari jaloux. — L'Accouchée. — La Vieillesse, d'après Jeaurat. — Portraits de La Ruette et de sa Femme. — Le Refus inutile, d'après Caresme. — La Cuisinière française, par Vidal, etc. Douze pièces.

DREVET (P.).

61. R.-F. de Beauvau, archevêque de Narbonne. — Le cardinal Dubois. Deux portraits in-folio gravés d'après H. Rigaud. — Très belles épreuves.

62. Robert de Cotte, architecte, d'après H. Rigaud. In-folio.
    — Très belle épreuve.

63. Ph. de Courcillon, marquis de Dangeau, d'après H. Rigaud. In-folio. — Très belle épreuve avec marge.

64. Le cardinal de Mailly, d'après H. Rigaud. In-8°. — Belle épreuve sans marge.

DROLLING (d'après).

65. Le Chapeau. — Le Vieillard, par Perdriau. Deux pièces imprimées en couleur. — Belles épreuves.

DUGOURE (d'après J.-D.).

66. Le Lever de la Mariée, par Trière.
    Superbe épreuve avant la lettre, très grande marge.

DYCK (d'après Van).

67. E. de Solms. — Marie, Princesse d'Aremberg. Trois pièces gravées par P. Pontius, Lommelin et Waumans. — Très belles épreuves du premier état ; avec l'adresse de Meyssens.

EARLOM (R.).

68. Fleurs, d'après Van-Huysum. — Superbe épreuve avant la lettre de la première planche.

ÉCOLE ANGLAISE.

69. Quatorze pièces gravées à la manière noire. — Très belles épreuves, la plupart ayant toutes leurs marges.

EISEN (Ch.).

70. Projet de Fontaine, eau-forte originale du maître. — Très belle épreuve avec toute sa marge.

EISEN (d'après CH.).

71. Les Plaisirs champêtres, par De Longueil. — Très belle
épreuve avant la lettre.

72. Les quatre Heures du Jour, par De Longueil. Suite de
quatre pièces faisant pendants. — Très belles et rares
épreuves avant les numéros et avec l'adresse de Dau-
mont; grandes marges.

ESNAUTS ET RAPILLY (à Paris chez).

73. Six petits sujets galants et pastorales gravés en couleur,
médaillons ronds réunis sur deux feuilles. — Très belles
épreuves.

FICQUET (E.).

74. Jean de la Fontaine, d'après H. Rigaud. In-8°. — Très
belle épreuve, dite au ruisseau blanc.

75. Michel de Montaigne, d'après Dumoustier. — M. A. de
Voltaire, d'après De la Tour. Deux pièces. — Très belles
épreuves.

76. J.-B. Poquelin de Molière, d'après Coypel. In-8°. — Très
belle épreuve.

FRAGONARD (d'après H.-M).

77. Le Baiser amoureux. — L'Instant désiré. Deux pièces faisant pendants gravées par Marchand. — Très belles et
rares épreuves avec la première adresse, celle de l'auteur, *A Paris, rue Mazarine*, adresse qui, dans les
épreuves, suivantes fut changée deux fois.

78. L'Instant désiré. — Belle épreuve coupée dans la gravure.
Rare.

79. L'Inspiration favorable, par Halbou. — Très belle épreuve
avec toute sa marge.

FRAGONARD ET MOITTE (d'après).

80. La Déclaration. — Le Serment. — La Curiosité punie. —
Le Bouquet déchiré. Quatre pièces, épreuves sur papier
vergé.

FREUDEBERG (S.).

81. La Toilette.

> Superbe épreuve, avec une grande marge, d'une charmante petite eau-forte du maître. Très rare.

FREUDEBERG (d'après S.).

82. Le petit Jour, par N. De Launay. — Très belle épreuve remargée.

GALLE (Th.).

83. Images des Saints et Saintes fondateurs d'Ordres religieux. Suite de quarante pièces. — Très belles épreuves avec toutes leurs marges.

GÉRARD (R.).

84. L'Amour et Psyché. — Belle épreuve, imprimé en bistre.

GILRAY (J.).

85. A Sale of english Beauties in the East Indies. Pièce curieuse coloriée.

GIRARD (à Paris chez).

86. La Toilette du Matin. — Très belle épreuve imprimée en bistre. Toute marge.

GREUZE (d'après J.-B.).

87. Le Malheur imprévu, par R. De Launay.

> Très rare épreuve à l'état d'eau-forte pure ; grande marge. On lit dans le coin à droite : ÉPREUVE DE L'ÉTAT DANS LAQUELLE ÉTAIT LA PLANCHE LE 14 OCTOBRE 1779. AZE IMPRIMEUR.

HUET (J.-B.).

88. Deux Amants dans un Boudoir. Charmante composition très spirituellement gravée à l'eau-forte, signée et datée H. 1779. Toute marge.

HUET (d'après J.-B.).

89. Le Dîner. — Le Souper. Deux pièces faisant pendants, gravées en couleur par Bonnet. — Superbes épreuves avec toutes leurs marges.

90. La Balance. — Le Saut. Deux pièces faisant pendants, gravées en couleur par Bonnet. — Très belles épreuves avec toutes leurs marges.

91. Le Coq secouru. — Le petit Cavalier. Deux pièces gravées en couleur par Bonnet. — Très belles épreuves avec toutes leurs marges.

92. La Feinte résistance. — Le Serpent sous les Fleurs. Deux pièces faisant pendants, gravées par Patas. — Très belles épreuves avec toutes leurs marges.

HUMBERT (d'après).

93. *The amiable Family* (La famille royale à l'Opéra?), gravé en couleur par Bonnet. — Superbe épreuve avec toute sa marge.

HUMPHREY (W.).

94. La Joie d'une bonne Bouteille après Dîner. — Belle épreuve

HURET (G.).

95. Marie-Stuart, Reine de France et d'Écosse, en costume de veuve ; au fond la scène de son exécution. In-8°. — Très belle épreuve. Rare.

INCROYABLES (pièces sur les).

95 *bis.* Les Incroyables. — Les Merveilleuses. Deux pièces faisant pendants, gravées par Darcis, d'après C. Vernet. — Belles épreuves.

95 *ter*. Les Modes passées et présentes. *A Paris chez Béaublé.*

> Superbe et très rare épreuve avant toutes lettres, de l'une des pièces les plus importantes et les plus curieuses de cette série; elle est avant de nombreux changements, notamment dans le groupe de personnages qui se trouve à la droite de l'estampe; elle a toute sa marge et est coloriée.

96. Le Petit Coblentz, ou le Boulevard de Gand, sous le Directoire. Copie par E. Loizelet, d'une pièce très curieuse donnant, en charge, les portraits d'Isabey, Vestris, J^m Murat, Garat, prince de Talleyrand, Bonaparte. — Très rare épreuve avant toutes lettres à l'état d'eau forte.

96 *bis*. La même estampe. — Très belle épreuve avant toutes lettres.

96 *ter*. La même estampe. — Très belle épreuve avant toutes lettres, coloriée.

ISABEY.

97. La Partie de Whist. — Très belle épreuve coloriée de la pièce la plus piquante de la suite.

JANINET (F.).

98. L'Amour rendant hommage à sa Mère, d'après F. Boucher.

> Superbe épreuve avant toutes lettres de la plus grande fraîcheur.

99. Vénus désarmant l'Amour, d'après Charlier.

> Superbe épreuve avant toutes lettres de la plus grande fraîcheur.

100. Le Sommeil d'Ariane, gravé en couleur d'après Charlier.

> Superbe épreuve avec toute sa marge.

101. Vénus en réflexion, gravé en couleur d'après la miniature de Charlier. — Très belle épreuve.

102. Érigone endormie. — Vénus désarmant l'Amour, d'après Charlier. Deux pièces imprimées en couleur. Sans marges.

103. La Folie, d'après Fragonard.

> Superbe épreuve avec toute sa marge.

104. Vénus sur les Eaux. Petite pièce ovale, gravée en couleur d'après Charlier. — Superbe épreuve.

105. Le Sommeil de Vénus. — Le Réveil de Vénus. Deux petites pièces ovales faisant pendants, gravées en couleur d'après Charlier. — Très belles épreuves.

106. Les Trois Grâces, gravé en couleur d'après Pellegrini. — Très belle épreuve.

107. Portrait de Mlle Colombe, de la Comédie-Italienne. Très jolie petite pièce ovale, en couleur. — Très belle épreuve.

108. Intérieur flamand, gravé en couleur d'après Adr. Van Ostade. — Superbe épreuve avant toutes lettres.

109. Peintres dessinant des Monuments antiques, gravé en couleur d'après H. Robert. — Très belle et rare épreuve avant toutes lettres.

110. Gabrielle d'Estrées. — Superbe et très rare épreuve, en couleur, avant toutes lettres. Toute marge.

111. Différents groupes, d'après l'antique, gravés sur fond noir à la manière du lavis. — Très belle épreuve avant toutes lettres. Rare.

JEAURAT (d'après E.-D.).

112. Le joli Dormir (Portrait de Mme Jeaurat endormie dans un fauteuil), par Mme Tardieu. — Très belle épreuve.

LA FONTAINE (illustrations pour les *contes* de).

113. *Lancret.* — Les Oyes de Frère Philippe, par De Larmessin. — Très belle épreuve avant l'adresse de Buldet.

114. Le Gascon puni, par De Larmessin. — Très belle épreuve avant l'adresse de Buldet.

115. Le petit Chien qui secoue de l'Argent et des Pierreries, par De Larmessin. — Très belle épreuve avant l'adresse de Buldet; grande marge.

116. Les Rémois, par De Larmessin. — Très belle épreuve avant l'adresse de Buldet; très grande marge.

LAMBERT.

117. L'Age agréable, par Levasseur. — Très belle épreuve.

LARMESSIN (N. DE).

118. Louis XV, Roi de France. — Marie Leckzinska, sa femme. Deux portraits in-folio, en pied, faisant pendants gravés d'après Vanloo. — Très belles épreuves.

119. Stanislas 1er, Roi de Pologne. — Catherine Opalinska, sa femme. Deux portraits in-folio, en pied, faisant pendants, gravés d'après Vanloo. — Très belles épreuves.

LAUNAY (N. DE).

120. J.-F. de Troy, d'après Aved. In-folio. — Superbe épreuve avant la lettre; toute marge.

121. Sébastien Leclerc, d'après Nonotte. In-folio. — Très belle épreuve avant la lettre.

LAWREINCE (d'après N.).

122. Ah! laisse-moi donc voir; gravé en couleur par Janinet (E. B. 2).

Superbe épreuve avant toutes lettres; elle est de la plus grande fraîcheur et a de grandes marges. Excessivement rare dans cet état et dans cette condition.

123. L'Assemblée au Concert, par Dequevauviller (5).

Superbe et rare épreuve avant la dédicace.

124. La Consolation de l'Absence, par N. De Launay (14). — Très belle épreuve.

124 bis. Le Contre-Temps, par Dequevauviller (15). — Très belle épreuve, remargée.

125. École de Danse, par Dequevauviller (22). — Très belle épreuve avec la première adresse, celle de Dequevauviller qui, plus tard, fut remplacée par celle de Basan. Grande marge.

126. L'Été, gravé en couleur par Vidal (24). — Très belle
épreuve avec marge.

127. L'heureux Moment, par N. De Launay (28). — Très belle
épreuve avant la faute au mot *chez*, dans l'adresse de
l'auteur; toute marge.

128. L'Indiscrétion, gravé en couleur par Janinet (30).
Superbe et très rare épreuve avant toutes lettres, seulement
le nom de Janinet tracé à la pointe, à droite, sous le trait carré;
grande marge.

129. Le Lever des Ouvrières en Modes, par Dequevauviller
(36). — Très belle épreuve avec la première adresse,
celle de Dequevauviller.

130. La même estampe. — Belle épreuve manquant de con-
servation.

131. Nina, par Colinet (41). (Portrait de Mme Dugazon dans
le rôle de Nina ou la Folle par amour.)
Superbe et très rare épreuve en couleur, avant toutes lettres;
elle est tirée sur soie.

132. Pauvre Minet, que ne suis-je à ta place! gravé en couleur
par Janinet (47). — Très belle épreuve. Rare.

133. La même estampe. — Très curieuse épreuve d'essai
tirée avec une seule planche.

134. Les Soins mérités, par De Launay le jeune (60). — Très
belle épreuve avec la tablette blanche, le titre et les
noms des artistes sans aucune autre lettre. Rare.

135. La Soubrette confidente, par Vidal (61). — Superbe
épreuve avec une grande marge.

136. La même estampe. — Très belle épreuve, coupée et remargée.

137. Les Nymphes scrupuleuses. — La Soubrette confidente.
Deux pièces par Vidal. — Belles épreuves; elles sont
coupées à la bordure.

138. The green Plot. — The Grove. Deux petites pièces faisant
pendants. — Très belles épreuves avec de grandes
marges.

139. Les petits Favoris, gravé en couleur par Chapuy. (Pièce
intitulée : *le Joli Chien* par M. E. Bocher, dans son ca-
talogue : app. 4.)

Superbe épreuve d'un état non décrit, intermédiaire entre le premier et le second : elle est avant toutes lettres, mais un second
petit chien a été ajouté à celui que l'on voyait seul, sur le lit, dans
la première épreuve. De la plus grande rareté.

LE BEAU (P.-A.).

140. Madame la comtesse Du Barry, dans une bordure ovale
entourée d'une guirlande de Roses; gravé d'après
Drouais. In-8°. — Belle épreuve remargée.

LE BEL (d'après E.).

141. Le Coup de Vent, par A. Girardet. — Très belle épreuve.

LE CŒUR (F.).

142. Le Présent. — Le Passé. — Prends-le. — Bon, t'y voilà!
— S'il cassait. — S'il mordait. — L'Écolier en vacances.
— L'Écolier en semestre. — Lindor et Zélia. — Le Repos
de la Volupté. — L'heureuse Distraction. — La Colère
feinte. — Suite très rare de dix charmantes petites
pièces de forme ronde, gravées en couleur. — Très
belles épreuves avec toutes leurs marges.

LEU (TH. de).

143. Henri de Lorraine, marquis du Pont. In-4°. — Très belle
épreuve.

MARTINET (à Paris, chez).

144. Les Ramiers. — Les Amants heureux. — La Danse champêtre. — La Balançoire. — Le Rendez-Vous. Cinq
pièces. — Très belles épreuves avec toutes leurs
marges.

MERCIER (d'après PH.).

145. L'École des Filles. — L'École des Garçons. — Deux pièces
faisant pendants, par J. Faber. — Belles épreuves.

MONNET (d'après C.-M.).

146. Jupiter et Io, par Vidal. — Belle épreuve.

MONSIAU (d'après).

147. Vignette pour la *Nouvelle Héloïse.* (Il appliqua sur sa main un baiser de feu.) — Très belle épreuve avant la lettre.

MOREAU (J.-M.).

148. Le Festin royal. — Très belle et rare épreuve avant la lettre.

MOREAU (d'après J.-M.).

149. J'en accepte l'heureux présage, par Ph. Trière. — Très belle épreuve sans marge.

150. N'ayez pas peur, ma bonne amie, par Helman. — Très belle et rare épreuve avant la lettre.

151. Les Précautions, par P.-A. Martini. — Très belle et rare épreuve avant la lettre.

52. La Partie de Whist, par J. Dambrun. — Superbe et très rare épreuve avant la lettre.

153. Couronnement de Voltaire, par Gaucher. — Très belle épreuve du 1er tirage : avec les armes et la dédicace, lesquelles ont été effacées dans l'état suivant; marge.

154. Illustrations pour la *Nouvelle Héloïse* et l'*Émile.* — Vingt pièces, dont dix avant la lettre. —Très belles épreuves.

MORLAND (d'après).

155. Les Amusements enfantins, gravé à la manière noire par Dikinson. — Très belle épreuve en couleur; marge.

156. Visite à la Nourrice, par Ward. — Très belle épreuve.

157.

157. *The first Pledge of Love*, par Ward. — Très belle épreuve avec la lettre tracée à la pointe.

MOUCHET (d'après).

158. L'Illusion, par R. et D. — Très belle épreuve.

159. La Méprise, par Macret et Anselin. — Très belle épreuve. — Rare.

MULLER (J.-G.).

160. Madame Vigée-Lebrun, d'après elle-même. In-folio.
Très belle épreuve avant toutes lettres, non entièrement terminée ; marge. Excessivement rare dans cet état.

161. J.-G. Wille, célèbre graveur, d'après Greuze. In-folio. — Superbe épreuve avant toutes lettres. Rare.

ORNEMENTS.

162. *Bérain.* — Cheminées. — Meubles. — Panneaux, etc. Vingt pièces. — Très belles épreuves, la plupart avec de grandes marges.

163. *Charpentier.* — Trophées. Six pièces gravées par Huquier. — Très belles épreuves avec toutes leurs marges.

164. *Dolivard et Francard.* Nouveaux dessins de Cheminées. — Seize pièces. — Belles épreuves.

165. *Fay.* — 5ᵉ et 7ᵉ cahiers d'Arabesques. Douze pièces formant deux suites complètes. — Très belles épreuves avec toutes leurs marges.

166. *Huet.* — Trophées de Chasse. Cinq pièces gravées par Guelard. — Très belles épreuves avec toutes leurs marges. Rares.

167. *Le Pautre.* — Nouveaux dessins de Cheminées. — Plafonds à la Romaine. — Vingt-quatre pièces formant quatre cahiers complets. — Très belles épreuves.

168. *Michel.* — 2ᵉ cahier d'Arabesques. Suite complète de six
169. pièces gravées par Juillet. — Très belles épreuves avec toutes leurs marges.

169. *Tibesar*. — 1er cahier d'Arabesques. Suite complète de six pièces gravées par Giraut. — Très belles épreuves avec toutes leurs marges.

170. *Toro*. — Cartouches nouvellement inventés. Suite de six pièces. — Très belles épreuves.

171. Livre nouveau de Cartouches dédiées à M. Louis de Lenfant. Suite de six pièces. — Très belles épreuves.

172. Trophées nouvellemont inventés. Suite de six pièces. — Très belles épreuves.

173. Nouveau livre de Vases. Quatre pièces. — Très belles épreuves.

174. *Watteau*. — Nouveau livre de Trophées gravés par Huquier. Huit pièces. — Très belles épreuves avec toutes leurs marges.

175. Trois pièces, Arabesques genre Watteau. — Belles épreuves.

PAROY (comte de).

175 *bis*. Une Bacchante, gravé en couleur d'après Mme Le Brun. — Superbe épreuve.

176. Madame de Polignac, vue jusqu'au genoux, dans une bordure de forme ovale. Charmante petite pièce gravée, à la manière du lavis, d'après Mme Le Brun.

Superbe et très rare épreuve avant toutes lettres.

176 *bis*. Portrait d'une jeune Dame (princesse de Prusse?) charmante petite pièce dans une bordure de forme ronde, gravée à la manière du lavis.

Superbe et très rare épreuve avant toutes lettres, non entièrement terminée, toute marge.

176 *ter*. La même estampe. — Superbe épreuve avant toutes lettres; toute marge.

PETERS (d'après M.).

177. Dame Parmesane, par J. Smith. — Très belle épreuve avec la lettre tracée.

178. *Love in her eyes sits playing* (l'Amour se joue dans ses yeux), par J. Smith. — Très belle épreuve. Marge.

177. **(179.)** *Sylvia* (jeune Femme appuyée sur un coussin), par J. Smith. — Très belle épreuve. Marge.

180. *Lydia* (jeune Femme couchée), par Dickinson. — Très belle épreuve. Elle est doublée et a une déchirure.

PETERS.

181. *The fortune Teller*, gravé à la manière noire par J. R.-Smith. — Très belle épreuve avec marge.

PETIT (G.).

182. Armand, prince de Rohan, archevêque de Reims, d'après H. Rigaud. — Très belle épreuve.

PICART (B.).

183. Pièce allégorique et satirique sur le système de Law. — Très belle épreuve avec marge. R.

PIGEOT.

184. Portrait en pied de Mme la princesse de Lamballe, d'après le tableau de Mme Lebrun, qui fait partie de la galerie de Versailles. — Très belle épreuve avant toutes lettres.

PITAU (N.).

185. P. Séguier, Chancelier de France, d'après Plate-Montagne. Grand in-folio. — Belle épreuve.

PORTRAITS.

186. N. de Launay. — L. de Boullongne. — P. Grassin. — F. Girardon. — Quatre portraits d'artistes gravés par Chereau, Lépicié et Duchange. — Très belles épreuves.

187. G. Ménage. — Sarrazin. — F. de Chevert. — L. Lefèvre. B. de Maillet. — Charles Ier. Six pièces gravées par Nanteuil, V. Shuppen, Poletnich et autres. — Belles épreuves.

188. Un recueil contenant soixante-dix portraits, in-4° et in-8°, personnages français et étrangers, gravés par Bervic, Daullé, Montcornet etc.

QUEVERDO (d'après F.-M.).

189. Henri IV aux pieds de Gabrielle. Très jolie pièce, dans une bordure ovale ornementée, gravée par Dambrun. — Très belle épreuve avant la lettre.

190. Les Éléments. — L'Été. — L'Hiver, par Dambrun. Cinq pièces.

RAMBERG (H.).

191. Le Marché d'Esclaves. — Belle épreuve.

RAOUX (d'après J.).

192. La Vestale, par Beauvarlet. — Très belle épreuve avant la lettre.

REGNAULT (N.-F.).

193. Matin. — Très belle épreuve avec marge.

RÉVOLUTION (pièces sur la).

194. Louis XVI, Roi de France. — Marie-Antoinette, Reine de France, sa femme, représentés en pied, vus de face, en grande toilette de cour. Deux pièces gravées par Lebeau, très intéressantes comme costumes. — Très belles épreuves sans marges. Rares.

195. Louis XVI, Roi de France. — Marie-Antoinette. Deux portraits in-8° faisant pendants, gravés d'après Mauperin. — Belles épreuves.

196. Louis XVI. — Marie-Antoinette, représentés en buste et vus de face dans des médaillons ovales. Deux pièces rares, faisant pendants, gravées au pointillé par Mme Bovi. — Très belles épreuves tirées en bistre. La première pièce est avant la lettre.

197. Marie-Antoinette, Reine de France, représentée en pied,
vue de profil, en grand costume de cour; gravé par
Le Beau, d'après Leclerc. — Très belle épreuve avec
toute sa marge.

198. Le traître Louis XVI. — La Panthère autrichienne. A
Paris, chez Villeneuve. Deux pièces très curieuses faisant pendants, gravées à la manière du lavis : elles
représentent les têtes du roi Louis XVI et de la reine
Marie-Antoinette, dans des médaillons suspendus
dans des lanternes.

    Superbes épreuves avec toutes leurs marges. Très rares en
aussi belle condition.

199. Louis XVI représenté en pied, dirigé vers la gauche; il
est coiffé d'un bonnet rouge et tient une bouteille à
la main. *A Paris chez Villeneuve.*

    Très belle et très rare épreuve, tirée en bistre; toute marge.

200. Louis XVI représenté en pied, dirigé vers la droite; il
est coiffé d'un bonnet vert et boit un verre de sang;
au bas cette inscription : *Aristocrates, soyez tran-
quilles sur la santé du traître Louis XVI,* etc. —
Pièce très rare gravée à la manière du lavis. *A Paris,
chez Villeneuve.*

    Très belle épreuve imprimée en bistre; toute marge.

201. Frédéric-Guillaume II, Roi de Prusse, représenté dans
un médaillon suspendu dans une lanterne; au bas
cette inscription : *Si tu ne crains pas la déchéance, crains
la suspension.* Pièce très rare gravée à la manière du
lavis. — Très belle épreuve avec toute sa marge.

202. La Séparation de Louis XVI et de sa Famille au Temple.
—La Dernière Entrevue de Louis XVI et de sa Famille
au Temple. Deux très grandes pièces, en largeur, faisant pendants, gravées par Schiavonetti d'après Be-
nazech. — Très belles épreuves.

203. *La Trinité Bourbonnaise :* Louis XVI, représenté en roi
de trèfle, de pique et de cœur; en dessous, dans trois
petits médaillons, différentes scènes allégoriques;
dans la marge une légende sous forme de couplets.

Pièce rare gravée à la manière du lavis. — Très belle épreuve avec toute sa marge.

204. *Repique et Capet* : Louis XVI jouant aux cartes avec un homme du peuple ; au bas cette inscription : *J'ai écarté les cœurs, il a les piques ; je suis capot.* Très jolie petite pièce de forme ovale imprimée sur fond rouge. *A Paris, chez Villeneuve.* — Superbe épreuve avec toute sa marge.

205. La même composition agrandie. — Très belle épreuve avec toute sa marge.

206. Jeu de la Révolution française tracé sur le plan du Jeu d'Oye. C'est une réunion de scènes historiques et allégoriques, commençant à la prise de la Bastille et finissant à une séance de l'Assemblée nationale. Grande pièce coloriée ayant toute sa marge.

REYNOLDS (d'après sir J.).

207. James Paine, architecte, et son Fils, gravé par Watson. — Très belle épreuve avec toute sa marge.

RICHTER (d'après H.).

208. *The Mayor of Garratt,* 1799. — Belle épreuve.

ROWLANDSON (par et d'après T.).

209. La Place des Victoires à Paris, 1787. Pièce coloriée fort rare.

210. *Transplanting of Teeth* (le Dentiste). Pièce coloriée. — Très rare.

211. *Waiting for Dinner. — At Dinner. — After Dinning. — Preparing for Supper.* Quatre pièces coloriées.

212. Madame Véry au Café des Mille-Colonnes. — La Belle Limonadière 1814. Deux pièces coloriées.

213. La Caserne anglaise. — La Caserne française. Deux pièces faisant pendants, coloriées par F. Multon. — Très belles épreuves.

214. *Nap in Town.* — *Nap in Country,* 1785. Deux pièces par
S. Alken.

215. *Interruption of Inconvenience of Lodging House and damp
sheets.* Deux pièces par F. Malton. — Rares.

SAINT-AUBIN (A. DE).

216. Comptez sur mes Serments. — Au moins soyez Discret.
Deux pièces faisant pendants. — Anciennes et très
belles épreuves encadrées.

217. Le Duc d'Orléans et sa Famille, d'après Le Peintre. In-
folio. — Superbe épreuve avant toutes lettres. Rare.

218. Perronet, Architecte. — Piccini, par Robineau. Deux
pièces. — Très belles épreuves avec marges.

SAINT-AUBIN (d'après A. DE).

219. Le Bal paré. — Le Concert. Deux pièces faisant pendants,
gravées par Duclos.
Très belles épreuves.

220. Promenade des Remparts de Paris. — Tableau des Portraits à la Mode. Deux pièces faisant pendants, gravées
par Courtois.
Très belles épreuves.

SCHENK.

221. Jeune Dame se confessant. — Jeune Dame fouettée par
un moine. — Le Clystère. Trois pièces satiriques sur
les moines, gravées à la manière noire. Rares.

SCHMIDT (J.-G.).

222. Pierre Mignard. — Élisabeth de Gouy, par Wille. Deux
portraits in-folio, gravés d'après H. Rigaud. — Très
belles épreuves.

SINGLETON.

223. Lady Hamilton et Nelson. — Belle épreuve.

SMITH (J.-R.).

224. Les deux Amies. — Très belle épreuve d'une jolie pièce gravée à la manière noire.

225. *Almeida*. Jeune fille coiffée d'un chapeau. — Très belle épreuve.

226. Portrait d'une jeune Dame, vue de profil et dirigée vers la gauche, dans une bordure ovale. In-folio. — Très belle et rare épreuve avant toutes lettres; grande marge.

227. Guillaume III, Roi d'Angleterre. In-folio. — Superbe épreuve.

228. God. Kneller. — Ant. Henley. Deux portraits gravés à la manière noire. — Très belles épreuves.

SUIDERHOEF (J.).

229. Abraham Heydanus. — Ad. A Cattenburg, A. Séba, etc., par Houbraken. Cinq pièces. — Très belles épreuves.

TANCHE (d'après N.).

230. Les Désirs naissants, par Le Beau. — Très belle épreuve avant l'inscription sur la tablette; grande marge.

TAUNAY (d'après).

231. Foire de Village, gravé en couleur par Descourtis. — Très belle épreuve du 1er tirage, avant que les armes et la dédicace aient été enlevées; tachée dans le coin à gauche.

232. La même estampe. — Très belle épreuve, les armes et la dédicace enlevées.

233. Noce de Village, gravé en couleur par Descourtis. — Très belle épreuve du 1er tirage, avant que les armes et la dédicace aient été enlevées; tachée dans le coin à droite.

234. La même estampe. — Très belle épreuve, les armes et
la dédicace enlevées.

235. Le Tambourin, gravé en couleur par Descourtis. — Très
belle épreuve, sans marge. *af*.

VALPERGA.

236. La Correction conjugale, d'après A.-E. Gérardin. —
Très belle et rare épreuve avant la lettre.

237. L'Amour corrigé, d'après E.-L. S. — Très belle épreuve
avant toute lettre.

VERMEULEN.

238. Maria-Louise de Tassis. — Castanier, par Gaillard. Deux
portraits in-folio gravés d'après H. Rigaud. — Très
belles épreuves.

VIGNETTES.

239. *Marillier*. En-têtes et culs-de-lampes pour les *Fables* de
Dorat. Dix-huit pièces. *ec*

> Très belles épreuves avant la lettre, tirées hors texte ; grandes
> marges.

240. En-têtes et culs-de-lampes d'après Eisen, Marillier et
autres, tirés de divers ouvrages. Vingt pièces. — Belles
épreuves.

241. Les Quatre Saisons. Suite de quatre pièces d'après Eisen.
— Très belles épreuves avec toutes leurs marges.

242. Vignette satirique sur Panckoucke avec les inscriptions
suivantes : *Historiæ naturalis tabula secunda, bibliopo-*
læ effigies, naturam quoque amplectitur omnem Pan-
ckoucke. Très rare.

VICO (E.).

243. Le Dieu Mars jouissant des Embrassements de Vénus,
d'après le Parmesan (B. 27). Deux épreuves dont
l'une, très rare, est avant les changements ; elle est
doublée et rognée sur la droite.

VOLTAIRE (Pièces sur).

244. Différents airs en trente têtes de M. de Voltaire, calqués
sur les tableaux de M. Huber. — Très belle épreuve
d'une pièce curieuse, très spirituellement gravée à
l'eau-forte. — Rare.

245. Le Déjeuner de Ferney. — L'Homme unique à tout âge.
— Le vieux Malade de Ferney tel qu'on l'a vu en sep-
tembre 1777. Trois pièces gravées par Née, Masquelier et Vachez. — Belles épreuves.

WARD.

246. *Thé lovely-Brunette.* Jolie petite pièce gravée en couleur
par Williams. — Très belle épreuve avec une grande
marge.

WATSON (J.).

247. *Miss Jones*, d'après C. Reed. — Très belle épreuve avant
la lettre.

WATTEAU (d'après ANT.).

248. Le lorgneur, par Scotin. — Très belle épreuve avant la
lettre.

249. La Diseuse d'Aventures, par Ravenet. — Belle épreuve.

250. La Danse champêtre, par Mercier. — Très belle épreuve
avec marge.

WHEATLEY (d'après F.).

251. Les Cris de Londres. Sept pièces par Vendramini. —
Belles épreuves avec de grandes marges.

WILLE (J.-G.).

252. Woldemar de Lowendal, Maréchal de France. In-folio. — Très belle et très rare épreuve avant toutes lettres et avant l'encadrement.

WILLE fils (d'après).

253. La Mère indulgente, par Lempereur. — Très belle épreuve avec marge.

254. Sous ce numéro seront vendus différents lots de gravures anciennes, imprimées en noir et en couleur.

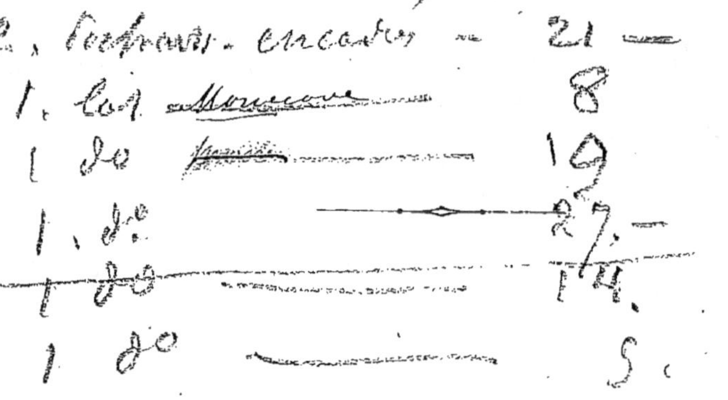

Paris. — Typ. G. Chamerot, 19, rue des Saints-Pères. — 12607.

www.ingramcontent.com/pod-product-compliance
Lightning Source LLC
LaVergne TN
LVHW020458060726
842525LV00005B/1777